Octave Mirbeau

Pourquoi
des expositions ?

Essai

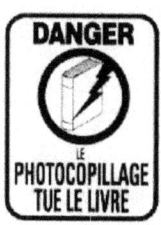
ISBN : 978-1981658374

10 9 8 7 6 5 4 3 2 1

Octave Mirbeau

Pourquoi
des expositions ?

Essai

Table de Matières

Introduction

Le projet d'une Exposition universelle, en 1900, n'a pas été accueilli sans de vives protestations. On en a, un peu partout, avec des raisons fortes et justes, contesté le résultat utilitaire, l'influence morale, et l'opportunité politique. Après enquête sérieuse, il ne semble pas que les critiques, parfois violentes, qu'on en a faites, fussent exagérées ; et je ne vois pas trop ce que pourrait y répondre de triomphant un esprit impartial, qui ne demande qu'à être renseigné. La province se montre, en général, fort irritée contre ce projet, et Paris ne s'y enthousiasme point. Ils ont raison. Au point ; de vue technique, rien ne justifie cette exposition, ni une découverte importante, dans les différentes spécialités de nos industries ; ni une application scientifique nouvelle, offrant un intérêt national ; ni un mouvement d'art qui doive régénérer nos esthétiques épuisées ; ni la solution d'un problème social, à la suite de quoi puisse être décrété le bonheur universel. Il m'est impossible de prendre au sérieux cette raison invoquée par les patriotes que c'est là une victoire sur l'Allemagne, laquelle, si M. François Deloncle ne l'eût devancée, se fût empressée d'accorder, à Berlin, ses violons, au lieu de venir, à Paris, danser au son des nôtres. J'ai beau chercher, je ne trouve pour la justifier rien d'autre que cette superstition populaire, que les expositions universelles doivent revenir chez nous, tous les dix ans, comme les grandes gelées. D'ailleurs, il faut le dire bien haut : à l'exception d'une certaine catégorie de citoyens, montreurs de phénomènes et marchands de plaisirs, dont il n'est pas excessif d'affirmer qu'ils ne sont pas l'élite du génie français, étant, pour la plupart, étrangers, et qui ont toujours quelque chose à pêcher dans ces troubles eaux que sont les foules humaines ; à l'exception aussi du personnel gouvernemental, pour qui ces époques de dépression nerveuse et de *délire ambulatoire*, sont des garanties de durer, autant qu'elles-mêmes durent, personne ou presque personne ne la désire. Beaucoup, au contraire, la redoutent parmi ceux qui devraient en être les plus ardents partisans et qui, les uns grâce à leur situation semi-officielle de fournisseurs de l'État, les autres par leur émulation de prouver une existence concurrente, sont ou se croient obligés d'y prendre une part effective, qu'ils savent à l'avance onéreuse et vainc. Tous ont, aujourd'hui, le sentiment très net, acquis par des expériences très dures, que les expositions universelles sont un grand leurre, pour ne pas dire un grand mensonge ; que l'activité des échanges commerciaux s'y arrête plus qu'elle ne s'y développe ; que les progrès de l'industrie, des sciences sociologiques et de l'art ne se trouvent, en aucune manière, liés aux retours périodiques de ces incohérentes foires dont le résultat reste qu'elles bouleversent profondément nos habitudes et, par un renchérissement odieux de tous les objets de consommation nécessaires à la vie, rendent plus lourde l'existence déjà si difficile à porter des petits ménages parisiens. Et puis, il y a des esprits sentimentaux qui voient, non sans une légitime terreur, le siècle prochain, si inquiétant par tout ce qu'il cache en lui de menaçant et mystérieux avenir, commencer sur une bacchanale.

En résumé, les expositions universelles sont, pour tout le monde, et sans profit, pour la masse qui travaille et qui paie, un surcroît d'impôts inutiles, par conséquent, une faute économique. En accumulant les exhibitions grossières et les frénétiques spectacles, qui ne s'adressent qu'aux bas instincts de l'homme, elles avilissent la dignité urbaine ; en étalant devant les peuples, prompts à la jalousie, le décor souvent illusoire de nos richesses provocatrices, elles attisent l'envie et perpétuent un véritable danger national, — l'exemple n'en est pas si lointain que nous ayons pu l'oublier ; — enfin, elles sont une laideur.

C'est beaucoup, à la fois, surtout si l'on songe qu'elles ne nous apportent rien, en échange de ce qu'elles nous prennent.

Section I

Avez-vous vu arriver, dans une ville, vers le soir, un cirque américain ? C'est un spectacle curieux. L'emplacement choisi et concédé, champ de foire ou prairie, en quelques minutes, les voitures qui transportent le matériel se vident ; les échafaudages se dressent, les charpentes montent et s'engainent, les toiles se tendent, l'estrade se pare de draperies de velours, et la parade commence au son des cuivres. A peine si les habitants ont eu le temps d'apprendre qu'un cirque est arrivé dans la ville que, déjà, sur la piste prête, les chevaux caparaçonnés valsent et galopent, les écuyères en ballon de gaze pailleté crèvent des cerceaux, et les clowns, en toupet de filasse, balafrés de rouge, se promènent sur la tête, en gloussant un faux anglais. Puis, la représentation terminée, le cirque s'effondre comme par enchantement : les toiles repliées, les échafaudages, les charpentes, les chevaux, les clowns, les écuyères, les éléphants et les chiens savants reprennent leurs places numérotées dans les voitures, et tout disparaît. Le lendemain, dès l'aube, il ne reste plus rien de ce qui a été un spectacle bruyant, une poussée de foule, des galopades et des batailles historiques. On ne reconnaît plus même l'emplacement où s'est passée cette folie d'une heure. L'herbe de la prairie est un peu plus foulée, voilà tout. Et la vie de la petite cité où s'édifia, l'espace d'un rire, et s'évanouit, l'espace d'une cigarette, un bâtiment énorme et compliqué, reprend son cours régulier, vers les tâches favorites.

Il serait à désirer que les expositions universelles, puisqu'il faut les subir, empruntassent ces habitudes de politesse aux cirques américains. Nous ne pouvons pas exiger qu'elles mettent une pareille promptitude à s'organiser, puis à disparaître, mais nous pourrions souhaiter que, la fête finie et l'orgie éteinte, elles ne laissent au moins, de leur passage parmi nous, aucun souvenir durable et fâcheux. Malheureusement, il n'en va pas ainsi, et la coutume est qu'elles s'acharnent à prolonger, par des pérennités douloureuses et des architectures hideusement commémoratives, le mauvais rêve qu'elles ont été.

Cinq ans avant la date fixée pour l'ouverture d'une exposition, Paris est livré à la manie destructive et bouleversante des architectes. Les équipes de terrassiers prennent possession des rues et les transforment en fondrières. On abat les arbres avec rage, on éventre les squares avec fureur, ou saccage jardins et promenades. La ville saigne et pleure sous les coups de la pioche et de la cognée. Il y a des quartiers fermés à toute espèce de circulation par des barricades, des maisons bloquées par la boue et par les matériaux entassés arbitrairement, toute une population soumise, en quelque sorte, aux rigueurs d'un état de siège, souvent sans raison, et de par la seule autorité de l'architecte, car, en ces temps lamentables, l'architecte est roi, et le gâchis est son royaume. Peu à peu, des décombres, des rues rasées, des jardins déboisés, on voit surgir, l'une après l'autre, d'étranges choses, toute une architecture, barbare et folle, moitié plâtre, moitié carton, des dômes, des tours, des campaniles, des portiques, des colonnades, des temples, des hypogées, des palais on terrasses, des châteaux crénelés, jusqu'à des hangars et des granges, où tous les ordres se heurtent, tous les styles se confondent, affreux mélange d'époques ennemies, de matières disparates, amoncellement de fausse pierre, de faux marbre, de faux or, de fer imité et de simili-faïence. L'assyrien y coudoie le rococo ; les Propylées de l'Acropole servent de vestibule à des chalets suisses ; on sort d'un Alcazar en papier peint pour entrer dans un Trianon de sucre rose. Et le gothique s'y marie au chinois, les huttes canaques, les paillotes papoues y fraternisent avec les arcatures romanes et les frises de la Renaissance. On instaure des panoramas très parisiens dans des palais kmers, des musées d'anatomie, des dégustations de vins, dans des cabanes lacustres ; et du balcon des minarets, le soir, des muezzins, parfaitement grimés, annoncent aux bourgeois ravis qu'il est l'heure de danser du ventre, — dans les mosquées saintes.

Tous ces monuments baroques devraient disparaître comme des décors et des accessoires de théâtre, après que les chandelles ont été soufflées ; mais à l'heure du règlement des comptes, et quand échoit le moment de rendre Paris nettoyé à lui-même, à sa circulation normale, à son labeur habituel, le sentiment intervient, qui plaide en faveur de leur conservation. Quel malheur de détruire d'aussi admirables ouvrages ! Ne serait-ce pas un acte impie, une coupable imprévoyance ? Ces édifices qui tiennent à la fois du temple sacré et de la gare de chemin de fer, du music-hall et du palais babylonien, ont été la joie, l'orgueil, la richesse de Paris. Il serait beau qu'ils continuassent à l'orner. Sans compter qu'ils sont pour le peuple un moyen de permanente instruction, une école féconde en enseignements de toute sorte. Ils lui apprennent, par l'image, sans cesse présente à ses yeux, l'histoire des civilisations, les luttes sociales, la marche toujours ascendante de l'humanité vers le progrès, — depuis l'homme des cavernes, lequel, dans les grottes de l'Ariège, de l'Aveyron, ignorait les bienfaits des expositions universelles, jusqu'aux doctes ingénieurs, qui les résument tous en leur personne. Et puis, il y a toujours quelqu'un pour démontrer que la plupart de ces monuments contiennent le germe, sinon la réalisation d'une architecture moderne, architecture qu'on attend depuis le commencement du siècle, et qui n'est pas venue encore, on ne sait pourquoi, car, inexplicable ironie ! les recensements comptent, en ce siècle où il n'y a pas d'architecture, mille fois plus d'architectes que dans les époques où il y en avait de glorieuses. D'ailleurs, la ville et l'Etat n'ont-ils pas toujours besoin de monuments nouveaux qui, à la beauté du décor, unissent l'utilité d'une affectation édilitaire possible ? Ils ne savent plus où loger les concours hippiques et les expositions de tableaux, les animaux gras et les chrysanthèmes, les alevins de M. Jousset de Bellême et le musée des Arts décoratifs, les bicyclettes et les meubles historiques. L'occasion est donc bonne pour s'agrandir et se parer à nouveau. Il faut en profiter, car si le pays venait, un beau jour, à se lasser des expositions universelles, où donc trouverait-on des monuments si parfaitement conformes au goût de notre admirable démocratie ?

J'écrivais plus haut que les expositions universelles, après nous avoir tout pris, argent, dignité, repos, ne nous laissaient rien que l'amer dégoût et l'hébétude particuliers aux lendemains de fêtes. Je me trompais. Elles nous laissent autre chose ; elles nous laissent ces monuments, pour les raisons que je viens de dire, et pour d'autres encore, pareillement valables, qu'il serait oiseux d'énumérer. Mais comme il est impossible de les garder toutes, on choisit parmi ces bâtisses les plus indiscutablement laides, les plus encombrantes, celles qui accaparèrent sur les hauteurs, dans nos parcs les plus fréquentés et nos plus élégantes promenades, une situation merveilleuse et faite uniquement pour y dresser des chefs-d'œuvre. Est-il nécessaire de rappeler que chaque exposition nous dota successivement de l'inqualifiable Palais de l'Industrie, de l'affligeant Trocadéro, de l'incompréhensible et stupéfiante tour Eiffel, de ces garages inaccessibles que sont le palais des Beaux-Arts, au Champ-de-Mars, et cette suite de mornes constructions qui raccompagnent et s'y embranchent : le Palais de l'Industrie, qui scandalise les arbres, les fleurs, au milieu desquels il apparaît, dans la grâce d'un bœuf foulant un parterre de roses, qui désole toute cette gai té ambiante, tout ce clair et vivifiant espace, par où s'ouvre la triomphale avenue des Champs-Elysées, unique au monde ; le Trocadéro, avec ses escaliers en trompe-l'œil, ses faux reliefs de toile de fond, ses profils secs de portants de théâtre, l'inconsistance de ses tours, et ses deux ailes qui évoquent l'idée d'un établissement de bains mal famé ! la tour Eiffel, inexplicable échafaudage de quelque chose qu'on ignore et qu'on ne verra jamais. J'en laisse !… C'est une invasion qui de plus en plus s'avance sur Paris, le contamine et le ronge au cœur même de sa beauté.

Je sais bien qu'on nous promet de démolir le Palais de l'Industrie. Mais qu'est-ce que cela nous fait si l'on se propose d'y substituer quelque chose de plus informe encore ? Et par quoi le remplacera-t-on, ce pauvre bazar qui, malgré son apparence de grange désaffectée, avait au moins ce mérite ou cette excuse que nous fussions habitués à sa laideur ? Le plan de M. Picard, que je ne veux pas discuter ici, est là pour nous le dire. Il démolit le Palais de l'Industrie, mais il en reconstruit deux autres à la place. Le long de cette avenue des Champs-Elysées, si obstinément choisie pour point de départ de la néfaste activité des architectes, sur le quai de la Conférence, sur le Cours-la-Reine, qui font partie intégrante de notre incomparable promenade, il accumule les palais ; il borde de palais la Seine. « A côté du grandiose, le gracieux — écrit un lyrique député, zélateur de l'Exposition — avec les quais de la Seine bordés, pendant toute la traversée, par de légères constructions en audacieux encorbellements sur le fleuve. Quoi de plus gai et de plus délicieux à imaginer que cette promenade du bord de l'eau, par les tièdes soirées d'été, avec l'animation de la foule cosmopolite et l'étincellement de millions de lumières se reflétant dans l'eau ? » Bref, partout il marque des embellissements analogues à ceux où s'attendrit le poétique député que je me plais à citer. Et dans la bouche de certaines gens, nous n'ignorons pas ce que ce mol d'embellissements signifie.

Car, n'en doutons point, 1900 sera un progrès sur 1889. Les cent millions que l'on demande, c'est-à-dire le double de ce qu'avait coûté la précédente exposition, nous en sont une éloquente affirmation. On empilera le gracieux sur le grandiose, l'encorbellement sur le lacustre, le formidable sur l'énorme ; on fera pivoter une Galerie des machines plus vaste, sur une tour Eiffel plus haute. Et Paris sera déshonoré un peu plus, sera dévoré un peu plus par cette architecture d'exposition, la seule qui caractérise ce siècle sans âme, sans pudeur et sans pitié, qui ne connaît plus le langage des belles lignes et des nobles formes, et qui reste sourd à l'immense poésie qui chante dans la pierre. Tous les dix ans, Paris voit son unité se désagréger davantage, et se rompre son harmonie. Cela qui ment à son génie, à son passé, à son histoire, lui donne, peu à peu, l'aspect d'une ville éphémère, d'une cité provisoire, bâtie pour des hordes qui passent et ne reviennent plus ; et le temps n'est pas éloigné, peut-être, où les prodigieux chefs-d'œuvre de son art qui attestèrent la puissance de la race et ses tiers élans vers un constant idéal de foi, de beauté et d'amour, Notre-Dame, la Sainte-Chapelle, le Louvre, devront disparaître, sous la poussée toujours plus forte, toujours plus profonde, des barbares qui implanteront, un jour, sur notre sol définitivement asservi, le règne de la laideur universelle.

Est-ce donc cela, que nous voulons ? Est-ce donc pour cela que nous donnons, chaque jour, à des aventuriers qui les gaspillent, nos énergies, notre sang, notre or ?

Section II

Autrefois, les expositions universelles avaient presque une raison d'être ou, plutôt une sorte d'excuse, dans le choix des dates ou des motifs politiques qui déterminèrent leur organisation ; dates discutables d'ailleurs, motifs politiques fâcheux, parfois. Je ne puis nier que celle de 1878, par exemple, n'ait été vraiment populaire et ingénieusement opportune.

Après la tourmente de 1870, la France avait à cœur de prouver au monde qu'elle était bien vivante encore, qu'elle avait relevé ses ruines, reconstitué ses forces. Le jour de l'ouverture solennelle, il y eut dans Paris un enthousiasme spontané, une véritable explosion du sentiment national. On ne voyait sur les visages de l'immense foule qui emplissait les rues que de la joie, une joie d'orgueil retrouvé, une joie exaltée sans délire, puissante sans provocation. L'espoir brillait dans tous les regards, comme à toutes les fenêtres pavoisées claquaient les drapeaux réhabilités. La minute que dura ce drame d'un peuple vaincu qui, soudain, se voit revivre, qui, soudain, sent recouler en ses veines, qu'on croyait taries, le sang chaud de sa race ; oui, cette minute-là fut une beauté.

Et pourtant, en dépit de la pensée généreuse qui l'avait inspirée, l'Exposition de 1878 échoua, et dégénéra en mauvaise affaire. C'est qu'elle avait voulu n'être qu'une exposition, négligeant les attractions perverses, les variétés de « ribotes », par quoi l'on capte et l'on retient la foule. Aussi la foule, vite dégrisée de cette passagère ivresse, retournant à ses vrais instincts de foule, regarda un instant ce spectacle auquel elle ne comprenait rien, s'ennuya et partit.

Il y eut des causes plus complexes à cet échec, causes qui se sont singulièrement aggravées depuis. Il faut les chercher dans le changement des conditions qui règlent les rapports des nations entre elles.

Jadis, la France était le plus grand marché du monde, le pays où les autres peuples venaient s'approvisionner. Elle avait sur l'Allemagne, sur l'Italie, sur les autres Etats, une prépondérance industrielle reconnue et vivace qu'elle partageait avec l'Angleterre. Elle les dominait par sa fécondité inventive, la beauté et la qualité de ses productions, la puissance créatrice de son outillage. Le temps de cette hégémonie économique est passé. Chaque peuple tend à s'y soustraire, et à la remplacer. Il veut vivre de soi-même, de son sol, approprier non seulement à son amélioration intérieure, mais à sa pénétration hors des frontières qui le limitent, les énergies de sa race, longtemps sommeillantes et qui se réveillent avec d'autant plus de force, qu'elles furent davantage comprimées. L'Allemagne ne vient plus rien chercher chez nous ; au contraire, c'est elle qui écoule ses produits sur nos marchés. L'Italie, et jusqu'à la Suisse, nous battront bientôt sur le terrain de l'industrie métallurgique. La Russie, anciennement tributaire de l'Europe, se couvre d'usines, elle fabrique tout ce qui est nécessaire aux besoins de son existence nationale, prête bientôt à dégorger sur le monde, avec le trop-plein de ses greniers, le surcroît de son activité industrielle. Il n'est pas jusqu'au Japon, au tenace, ingénieux et mathématique Japon, qui ne s'annonce comme une rivalité redoutable, et ne menace de nous débusquer à bref délai de nos débouchés de l'Extrême-Orient, en attendant que, par une loi fatale d'évolution, il envahisse nos marchés continentaux.

Ce qui est vrai, c'est que l'étranger vient chez nous, non plus pour ses affaires, mais pour ses plaisirs. Il demande à Paris de n'être plus, pour lui, qu'une joie des yeux, un délice du ventre, un assouvissement de volupté. Il se promène, regarde, compare, prend des notes quelquefois, mais il n'achète plus, ou, du moins, il achète peu ; — quelques robes encore, quelques chapeaux, et c'est tout. Les énormes machines, les outillages compliqués, tous les objets nécessaires à sa vie commerciale et de haut luxe que nous lui fournissions, il les possède chez lui, aussi bien ouvrés que les nôtres. Dans certaines industries considérables, comme celles des papiers peints, des étoffes ornementales, des meubles, il cherche et invente, alors que nous nous obstinons à copier servilement les vieilles formes, à restituer les vieux dessins. L'étranger n'a plus rien à apprendre de nous, dans nos expositions, en revanche il a tout à y gagner, et je suis de l'avis d'un ancien ministre des finances, M. Allain-Targé, quand il dit : « Convoquer à Paris tous les dix ans, non seulement nos clients de France, de l'Europe, de l'Asie et de l'Amérique, mais en même temps tous nos rivaux, et ouvrir à ceux-ci, à Paris même, le marché français dans des conditions de faveur pour eux exceptionnelles ; leur préparer nous-mêmes des magasins, des étalages où ils pourront, avec l'attrait de l'exotique et de la nouveauté, rassembler leurs échantillons les mieux choisis, user de nos journaux, de l'éclat de notre hospitalité, pour proposer à leurs hôtes la concurrence des réductions de prix, de la réclame et du bon marché ; en un mot, pour détourner nos acheteurs ordinaires, c'est une opération qui m'a toujours paru parfaitement absurde. » Et parfaitement dangereuse aussi, car je veux livrer à la méditation des organisateurs quand même le fait que voici. En 1867, le plus grand, le seul succès de cette exposition fut, on se le rappelle, la galerie des objets estampés, qu'on dénomme articles-Paris. A cette époque, cette industrie, très prospère, constituait pour la capitale une véritable richesse. La foule stationna longtemps dans cette galerie, et prit plaisir à voir fabriquer sous ses yeux ces menus objets populaires, ces riens de fer-blanc, de bois colorié, de cuir et de laiton, qui encombrent les petites boutiques au jour de l'an, et que vendent sur nos boulevards les camelots. En 1878, on les chercha vainement. Ils n'étaient plus là. Ils avaient passé la frontière de l'Est, eux aussi. Dans l'intervalle d'une exposition à une autre, l'Allemagne nous avait pris non seulement deux provinces, mais toute une industrie qui faisait vivre, jadis une foule de pauvres gens. Alors n'est-on pas en droit de se poser cette double question ? Si, d'une part, les expositions universelles ne profitent pas à notre industrie, ne sont-elles pas inutiles ? Si, d'autre part, elles profitent à l'industrie étrangère, ne sont-elles pas coupables ?

Au point de vue industriel, je conclus surtout dans le sens de leur complète inutilité. La grande industrie appelée à y concourir, non seulement à y concourir, mais à en être la base sérieuse, le gros morceau de résistance, si j'ose dire, ne vient là « que pour la respectabilité », suivant l'expression d'un ingénieur anglais, très compétent, sir Henry Trueman Wood, qui, bien que directeur de la section britannique, partout où l'Angleterre expose, ne semble pas avoir une très haute idée des expositions universelles, de leur utilité pratique, et de leur moralité. Si l'on construit eu l'honneur de l'industrie de gigantesques galeries et de ruineux palais, ce n'est au fond que pour essayer de couvrir, par le bruit de ses machines, le bruit de l'orgie qui hurle au dehors. En réalité, elle ne joue là que le rôle décent, mais inférieur, de paravent. L'amusement, sous ses multiples excitations, le spectacle, sous ses formes les plus osées, la mise en scène de l'anecdote bêtement sentimentale ou hardiment obscène, telle est la grande affaire, la seule qui attire et la seule qui rapporte. On ne prend pas le public avec des machines, ni avec les produits de ces machines. Il passe devant elles, indifférent, et ne s'y arrête pas. Même le spécialiste, l'homme de métier, le curieux intelligent, avide de savoir et de comprendre, pour qui une exposition industrielle devrait être un vaste champ d'études, a bien vite fait de s'en désintéresser. Et dans l'impossibilité où il est de se reconnaître, de prendre conscience de soi-même, au milieu de tous les mécanismes qui tournent à vide, tissent des fumées et laminent le néant, assourdi par le vacarme, découragé par les mille et mille objets en marche qui sollicitent, à la fois, son observation, il s'en va et se mêle à la fête, comme les autres, avec les autres. « On ne vient plus aux expositions pour se procurer des vivres, on y vient pour s'amuser, » écrit, le 17 juin 1895, M. Edouard Lockroy qui, mieux que personne, pour en avoir organisé une qui fut un bruyant succès, sait à quel piteux échec vont désormais les expositions qui se contenteraient d'être des expositions instructives et honnêtes, et non des rendez-vous de plaisirs, des vomitoires de débauche. Et il ajoutait en manière d'équivoque avertissement : « La foire s'est changée en fête. Si la fête n'est pas belle, tant pis pour les organisateurs ; ils perdent leur temps et nous font perdre notre argent. » Aveu qui emprunte une exceptionnelle gravité à l'importance officielle de celui qui le laissa échapper.

Je m'entretenais un jour de ces choses avec un des plus considérables métallurgistes de France, et voici ce qu'il me déclara :

— Chaque exposition me coûte en moyenne cinq cent mille francs, et non seulement je n'y fais pas une affaire nouvelle, mais encore, durant les deux années qui la précèdent et les six mois qui la suivent, je constate un ralentissement dans le mouvement des allaires courantes. Et c'est très simple, comme vous allez voir. Je suppose un client à moi, un industriel voulant agrandir son outillage qu'il juge insuffisant, ou le renouveler parce qu'il est démodé. Eh bien, voici ce qu'il se dit : « Nous allons avoir dans deux ans une exposition, je n'y ai pas confiance, mais enfin, sait-on ce qui peut arriver ? Il y aura peut-être dans les sections anglaise, italienne ou suisse des modèles merveilleux et que je me procurerai à bon compte. Je vais donc marcher jusque-là comme je pourrai. Et puis, je verrai, je comparerai, je me déciderai sur place. » Il voit, en effet, compare, s'embrouille et ne se décide pas. Et comment se décider à l'achat de pareilles machines, dans ce tohu-bohu où le professionnel le plus avisé perd la tête ? Mon client rentre chez lui, hésitant encore, furieux d'avoir perdu son temps, et ce n'est que six mois après qu'il se résout à traiter avec moi une affaire que, sans l'exposition, il eût traitée trois ans plus tôt. Donc perte pour lui, et perte pour moi. Telle est la vérité. Pensez en outre que je n'attends pas d'une exposition qu'elle ajoute quoi que ce soit au bon renom de ma maison, connue du monde entier, ni qu'elle m'honore par des récompenses dont je n'ai pas besoin, les ayant toutes depuis longtemps.

— Alors, pourquoi exposez-vous ? demandai-je.

— Mais je suis fournisseur de l'État... Et l'Etat m'y oblige, parce que je sers d'excuse à son exposition, que je lui suis un *decorum*, rien de plus ; bref, je joue le rôle ingrat des vieux colonels dans les maisons de jeux... Nous finissons pourtant par nous entendre. En reconnaissance des sacrifices que je me suis imposés, l'Etat m'assure une commande de choses d'ailleurs parfaitement inutiles, et qui vont dormir dans ses arsenaux, dans ses greniers, le diable sait où !... Tous les industriels n'ont pas cette ressource, mais ils en ont d'autres... Je connais une maison excellente, et que j'apprécie beaucoup, qui, forcée d'exposer pour prouver qu'elle existe à côté de nous, exhibe le même matériel depuis 1867 sans que personne s'en soit aperçu. Elle a dans ses vitrines une série de cadres où, sur des fonds de velours noir, sont fixées de menues pièces de mécanique, fort jolies du reste. Eh bien, les pièces ne changent jamais ; il n'y a que le cadre qui est rajeuni, chaque fois… Vous pourrez les voir en 1900… Pour la troisième fois elles auront des médailles d'or.

Et il conclut ainsi :

— Tout cela, c'est de la folie… tout cela, c'est du mensonge !… Ah ! qui donc nous délivrera une bonne fois des expositions !

Je n'ai entendu partout que ce cri de lassitude, chez les petits comme chez les grands. Et les industriels seront médiocrement consolés, quand ils auront lu ce qu'écrit, pour les rassurer, un des plus enthousiastes défenseurs de l'Imposition de 1900 : « Il faut obtenir d'eux une participation aussi considérable que possible et qui tout d'abord se traduira, pour eux, par d'importants frais d'installation. Aussi doit-on les traiter comme des collaborateurs et non comme des mines à exploiter dont le budget d'une exposition doit tirer le meilleur parti possible, ce sont des collaborateurs dont on ne peut exiger trop de désintéressement, et il est indispensable qu'ils puissent avoir la perspective de quelques avantages commerciaux devant les rémunérer de leurs avances. » Malheureusement, il néglige d'énumérer les avantages indispensables et d'ouvrir cette nécessaire perspective. Et ces paroles rassurantes d'un trop chaleureux ami se résument en ce seul mot : payer, encore payer, toujours payer.

Section III

Ce n'est pas d'aujourd'hui que le mal causé par les expositions est signalé. Il y a longtemps que fut publiquement dénoncée, avec l'insuffisance de leurs résultats économiques, l'absolue inanité de leur signification industrielle ; mais nous sommes ainsi faits que les avertissements les plus précieux nous ne les écoutons jamais. Nous fermons nos oreilles à toutes les paroles qui ne sont pas des paroles de vanité et de flatterie, et nous nous apercevons qu'un gouffre s'est ouvert le jour seulement où nous sommes tombés au fond. Nous ressemblons à ce fou que l'on réveille en criant : « Au feu ! au feu ! Tu ne vois donc pas que ta maison brûle ? » et qui répond : « Mais non ! vous vous trompez. C'est l'aube qui naît… c'est le soleil qui se lève… Laissez-moi dormir encore. »

Dans une brochure éditée par la Ligue lorraine de décentralisation d'où est sorti le premier mouvement de révolte « contre la grande manifestation nationale de 1900 », je trouve des documents caractéristiques qui prouvent que les avertissements ne nous ont point manqué. Ce sont les extraits des rapports officiels publiés à la suite de chaque exposition. Bien qu'ils émanent de personnalités aux tendances politiques très opposées, ils marquent des préoccupations à peu près pareilles. Notez, en plus, que le pays, en ces diverses époques, ne ressentait pas encore les symptômes du malaise économique qui l'atteint aujourd'hui dans ses moelles si profondément. On pouvait lui demander des sacrifices momentanés que l'énergie de sa vitalité, les ressources de sa richesse rendaient facilement et promptement réparables. Nous n'étions pas écrasés, comme nous le sommes maintenant, par d'absurdes impôts sans cesse accrus et de jour en jour plus lourds. Eh bien, voici à quelles conclusions en étaient arrivés des esprits clairvoyants, et que leur caractère officiel met à l'abri de toute accusation d'hostilité préconçue et partiale.

A propos de celle de 1855, qui fut pourtant bien modeste, ainsi qu'il convenait à une débutante, le prince Jérôme Napoléon, en son *Rapport administratif*, s'attaque au principe même des expositions universelles, qu'il juge inextricables, d'une classification arbitraire, sans valeur d'enseignement, et il préconise la création d'expositions partielles techniques, *spéciales*, plus fréquentes, mais restreintes à un choix judicieux parmi les produits qui sollicitent le plus, dans l'instant où elles fonctionneraient, l'attention du public, et l'étude qu'en peuvent faire les visiteurs compétents.

En 1867, M. Le Play, frappé des mêmes inconvénients, qui n'avaient fait que grandir, et, de plus, inquiet des considérables dépenses qu'entraînent de telles organisations si éphémères, propose qu'on remplace les expositions universelles par des expositions permanentes, sur des points déterminés du territoire français, et en dehors des vastes centres de population, sortes de musées commerciaux et industriels, — c'est le nom qu'il leur donne, — et comme en ont depuis établi l'Angleterre et l'Allemagne, lesquelles paraissent avoir proscrit le système des expositions universelles, pour cette raison qu'elles ne correspondent plus aux besoins modernes.

Enfin en 1878, M. Krantz, sous un optimisme de commande, laisse percer de sérieuses appréhensions. Il avoue, lui aussi, non sans mélancolie, que les résultats obtenus sont loin de compenser les sacrifices qu'on exige des particuliers et de l'Etat. Et sous des phrases qu'il s'efforce de rendre réconfortantes, et qui, mieux que des déclarations pessimistes, témoignent de son embarras et de ses angoisses, il entrevoit le moment où « ces œuvres magistrales » se heurteront à de si fortes difficultés, qu'on devra y renoncer. Si telle n'est pas absolument la lettre de son rapport, c'en est du moins l'esprit. La confiance patriotique que le digne commissaire général manifeste dans les inépuisables ressources de la richesse française ne prévaut pas contre cette impression de derrière la tête, où il faut aller chercher le sens véritable de sa pensée.

Je ne parle pas de l'Exposition de 1889, qui ne fut point, à proprement dire, une exposition, mais une bruyante et souvent hideuse kermesse, contre laquelle les documents les plus terribles abondent, qui sont connus de tout le monde.

Pour le moment, je ne veux retenir de ces critiques que ceci : les expositions dites universelles sont condamnées ; la situation économique, la lourde charge qu'elles sont pour tous, l'état alarmant de la dette publique, exigent qu'elles disparaissent. Et s'il est prouvé qu'il faut encore des expositions, mais sous des formes atténuées, pourquoi ne ferait-on pas l'essai d'expositions spéciales, comme en 1855, après une première expérience, le proposait le prince Napoléon ? Elles suffiraient amplement aux besoins de l'industrie et du commerce, car on pourrait les multiplier autant et chaque fois qu'elles seraient jugées utiles. Je sais bien qu'elles existent déjà et qu'on n'en tire pus le bénéfice qu'on devrait en attendre. En général, elles prennent des airs peu sérieux de bazars nomades et de déballages forains qui éloignent d'elles l'homme désireux de s'instruire, pour n'attirer que l'éternel badaud à qui cela est indifférent d'aller ici ou là, pourvu qu'il aille quelque part. Sous prétexte d'électricité, par exemple, ou de cyclisme, les industries les plus disparates et les plus bizarres commerces les envahissent et les noient. On y voit surtout d'invendables pianos et de répugnantes pâtisseries, des armoires à glace et des trousseaux de linge, des plats en cuivre repoussé et des panoplies terrifiantes à treize sous. Les plus étranges objets s'y empilent sur les plus douteuses inventions. Et c'est avec bien de la peine que le visiteur sincère finit par découvrir quelque chose qui ressemble à ce qu'il est venu voir, sur la foi des affiches et la recommandation des journaux. Mais cela ne prouve rien contre le principe de ces expositions ; cela prouve qu'elles sont mal organisées, voilà tout, que leur installation défectueuse est généralement copiée sur celle des expositions universelles par de peu respectables entrepreneurs de publicité et louches courtiers d'annonces, étrangers d'ailleurs à toute espèce d'industrie classée non moins que de commerce régulier, et qui ne voient là qu'un moyen de gagner de l'argent au détriment du naïf public et de l'exposant abusé. Toute la question est en ceci, que ces expositions doivent être réorganisées sous le patronage des chambres de commerce et des chambres syndicales des grandes industries. Rien n'est plus facile. En les maintenant dans un ordre strict de spécialisation et de sévère technicité, elles auraient sur les autres l'avantage d'être praticables au public qui s'y intéresse, de rendre l'étude plus accessible au professionnel, et l'enseignement qu'elles comportent plus direct et plus clair aux yeux de tous, ne pouvant ambitionner de jouer ce rôle vraiment miraculeux des expositions universelles qui « sont une école où les goûts artistiques, où les connaissances techniques doivent se *développer inconsciemment chez le visiteur par la force des choses.* » Je cite et n'invente pas.

Il y a des expositions spéciales qui ont donné des résultats pratiques excellents, comme celles de la meunerie, de la brasserie, de l'électricité même. Les comices agricoles, les concours régionaux, qui ne sont pas autre chose que les expositions spéciales de l'agriculture, ne furent-ils pas utiles ? Et en bien des départements, où la population agricole ; s'obstine encore aux vieilles routines, n'apportent-ils pas tous les jours une émulation progressive dans l'emploi de cultures plus rationnelles et d'élevages plus scientifiques ? On peut se demander ce que vient faire, dans une exposition universelle, l'agriculture et ce qu'elle vient y montrer qu'elle n'ait déjà montré dans tous les comices et concours qui fonctionnent en France régulièrement ? Elle y est, d'ailleurs, fort mal reçue ; on ne lui réserve jamais que des emplacements peu commodes, dérisoirement exigus, et nullement on rapport avec le chiffre de ses affaires annuelles — 13 milliards, et celui de sa population — 18 millions d'hommes. En 11)00, sur une surface couverte de 392 000 mètres carrés, elle n'aura droit qu'à 34 000 mètres, c'est-à-dire une place inférieure à celle qu'occupe le moindre comice cantonal.

J'ajoute que, pour être complètement utiles et complètement justes, les expositions devront non seulement se spécialiser, mais encore se régionaliser, car la province, dans tout ceci, il semble qu'on n'y a point songé.

Et pourquoi y songerait-on ? Pourquoi Paris songerait-il à la province ? Pendant que la province travaille et peine, que, de ses champs durement remués, de ses usines peu prospères, de ses villes de plus en plus dépeuplées, elle dirige sur Paris, par les mille voies ferrées de ses réseaux, dont la distribution fut uniquement conçue en faveur de la capitale, ce qui nourrit Paris, l'habille et l'enchante, la pierre de ses maisons, le bois de ses meubles, le charbon de son feu et de sa lumière, le vin de sa joie, Paris paperasse, discute, badaude et digère. Il digère et, ce faisant, n'est-ce point le plus grand honneur qu'il puisse adresser à la province ? Que veut-elle encore de lui qui est le roi du monde, le centre, l'intellectualité de l'univers ? De l'admiration, de la reconnaissance, de la fraternité ? Allons donc ! D'ailleurs qu'est-ce que la province pour Paris, et quelle idée s'en fait-il ? La province c'est, autour de Paris, une sorte d'immense terrain vague, vaseux par-ci, pierreux par-là, à la surface de quoi, au premier coup d'œil, on ne distingue rien. Cela semble inhabité. Un vent de mort a soufflé sur cette pauvre chose, à moins que, plausible hypothèse, la Vie, lasse d'avoir créé tant de merveilles à Paris, et de si admirables gens, se voie arrêtée dans son œuvre et n'ait pas voulu franchir ce morne espace, car la Vie est bien trop parisienne pour cela !… Et c'est cela, qui est sans nom et sans droits, étant sans vie, sur quoi il faudrait détourner une petite partie des largesses dont on inonde Paris ! C'est à cause de cela qu'il faudrait renoncer à des fêtes, stupides et barbares, qui ruinent davantage cette ruine éternelle, qui enrichissent Paris d'une richesse passagère et factice, dont il ne gardera que l'étonnement qu'elle soit en allée si vite, et le dégoût violent qu'elle ait laissé sur lui l'empreinte de tant de choses sales, l'odeur de tant de prostitutions.

La province se révolte enfin contre cette omnipotence de Paris, contre cet omni-accaparement dont elle souffre depuis longtemps, et qui la tuera demain. Il y a dans cette révolte quelque chose de grave et que l'on ne veut pas voir et qui dépasse, pourtant le sens d'une protestation momentanée. Ce réveil, que l'Exposition de 1900 a produit dans la province laborieuse, n'est que l'effet d'une cause profonde et ancienne. Elle comprend, elle sait que, si ce projet se réalise, c'en est fini de son commerce, déjà languissant et qu'elle ne maintient qu'à force de luttes incessantes, de sacrifices et de pauvres joies. Elle voit de jour en jour, d'année en année, Paris détourner et canaliser, à son profit, ce qui reste en elle d'énergie. Non seulement il lui enlève ses richesses matérielles, mais il lui prend aussi ses hommes, — bras et cerveau. L'exode suit une marche lente et régulière dans les temps ordinaires ; dans les années d'exposition, il s'accroît et se précipite. Ce n'est plus un individu isolé qui, de-ci de-là, abandonne le champ ou déserte l'atelier, c'est une foule, ce sont des foules, attirées par la promesse de gros salaires, par la promesse de l'existence facile et brillante, par tout ce rêve menteur de Paris, qui obsède et détraque le cerveau des malheureux, ce sont des foules, des troupeaux humains qui partent et ne reviennent plus. Ce qu'ils deviennent ? Hélas ! leur histoire est banale et tient tout entière dans ces deux mots : misère et révolte. « Pour un qui devient ministre, parmi ces pauvres diables, combien échouent dans ces attaques nocturnes ? » écrivait récemment un humoriste. Pourquoi, sans d'autres raisons que les chiffres fallacieux qu'on viendra, en d'habiles jongleries, présenter à la tribune de la Chambre, s'obstine-t-on à cette œuvre mauvaise, à cette œuvre anti-sociale, anti-nationale ? Pourquoi, au lieu de chercher le remède à une situation douloureuse et pleine de menaces, s'efforce-t-on de l'aggraver, de la rendre inguérissable peut-être, quand il ne s'agit, en réalité, que de protéger et d'enrichir des catégories humaines peu recommandables, et de sacrifier des intérêts sacrés, au seul bénéfice de quelques camelots vendeurs d'ivresses empoisonnées, racoleurs de plaisirs et batteurs d'estrade ? Pourquoi ? nous allons le dire.

Section IV

Les expositions universelles sont des époques merveilleuses. Elles ont cela de commun avec les guerres civiles qu'elles font se lever de dessous les pavés tout un pullulement de peuple qu'on ne connaissait pas. Elles incitent en marche les convoitises ignorées, mobilisent les appétits qui dormaient dans les ténèbres de la conscience humaine. Il en surgit de partout, des profondeurs populaires et des sommets sociaux, du salon et du bouge, du cabinet de l'homme d'affaires et de la parlote politique. On a même remarqué que, dans les asiles, elles surexcitaient les fous d'une manière inusitée et violente. Chacun, plus ou moins, subit les atteintes de cette fièvre spéciale, désormais cataloguée dans les ouvrages de médecine, et qu'on pourrait appeler lièvre d'exposition.

Alors les conceptions les plus monstrueuses comme les plus ineptes bouillonnent dans les cerveaux. Il s'agit d'exploiter les passions mauvaises de la foule, et sa sottise. Dans cet ordre d'idées, le champ est vaste, et les résultats sont assurés. C'est à qui inventera les spectacles les plus licencieux, des déshabillages qu'on n'avait pas encore tentés ; à qui mettra en œuvre toute la série des excitations interdites, et en action les paraphrases de la lubricité ; à qui enfin, arrivera premier, en cette course acharnée, dont le but va du stupéfiant à l'immonde. Rien à craindre. Libre carrière est donnée à tous les délires de l'imagination. La police se tait et le gouvernement encourage. Il sait que c'est une trêve pour lui, une halte dans ce voyage tourmenté qu'est le pouvoir. Un peuple qui chante et boit, et qu'emporte la folie du dévergondage, ne s'occupe pas des actes du gouvernement ; il n'exige pas de comptes, il ne réclame pas la réalisation des promesses mille fois différées. On peut lui prendre le Luxembourg, comme en 1867, les Nouvelles-Hébrides, comme en 1889, on peut lui prendre tout, cela lui est indifférent ; et d'ailleurs il n'en sait rien. Il est prêt à toutes les servitudes, et, d'avance, il accepte toutes hontes. Quand il crie, on l'assomme ; quand il s'amuse ou croit s'amuser, on le dévirilise. La terreur ou la débauche ; le garrot ou les jeux du cirque, tels sont les deux points d'oscillation de la politique contemporaine.

A côté du spectacle ordurier qui fait le fond de ces fêtes, il y a aussi la série des attractions « instructives et honnêtes » que des demi-savants mystificateurs, des politiques retour de Panama, des financiers retour de Mazas, offrent à la crédulité, à l'inépuisable crédulité du public. La liste en est moins longue, car on n'innove guère dans ce genre. Et quand on nous aura conduits dans la lune avec un député, ou dans le centre de la terre avec un autre, député ; quand derrière des barreaux on nous aura montré nos meilleurs poètes, nos illustres philosophes, nos romanciers les plus fameux dressés comme des chiens sa vans et faisant mille tours de gentillesse, avec grâce et précision, il faudra nous resservir les ballons captifs, les musées de cire, les cloches monstres, les foudres de dix mille hectolitres, les banquets des maires et les rues du Caire, et toute cette desserte de l'exposition de 1889 dont le souvenir, dont l'odeur me reviennent en nausées intolérables.

L'exposition de 1889 ! Je m'en souviens, et il me plaît de l'évoquer ici. Il me souvient d'un jour où je rencontrai un philosophe de mes amis, et si je rappelle la conversation que nous-eûmes ensemble, ce jour-là, c'est qu'elle me semble avoir eu lieu aujourd'hui, eu vue de demain. Ce pauvre philosophe ! Il était très rouge et sentait le Champagne, jamais je ne l'avais vu ainsi.

— Tout le monde célèbre l'exposition, me dit-il, et moi-même, je l'avoue, je me suis laissé prendre à ce mirage décevant, à ce mensonge de sensualité ! J'ai comme tout le monde subi ce charme pervers du faux, du factice, de l'énorme. Je me suis grisé à cette acre saveur de nouveau ; j'ai presque admiré. Et, sous les voûtes-de la tour Eiffel, ces foules étalées, vautrées, prosternées, grouillant, mangeant, adorant, qui campent, ainsi que des hordes musulmanes en route pour la Mecque !... Ce mélange imprévu de kermesse cosmopolite et de pèlerinage religieux, enfin, tout cela, ce déséquilibre architectural, cette folie ambiante, où flottent de fades odeurs de saucisson ; cette paresse, ces lianes et ces « godailles », produites par ce qu'ils appellent la fête sacrée du travail, ce brusque arrêt de la vie normale, évidemment, tout cela est fort curieux !... Mais combien effrayant !... Je ne puis faire un pas, dans ces jardins, dans ces galeries, sans me heurter à des objets, à des visages où je sens nettement la fin prochaine de quelque chose. Et, le soir, mes promenades terminées, de chaque section, de chaque salle, de chaque coudoiement de la foule, j'emporte cette même impression désolante, que l'Exposition est la fin de tout !… Ce qu'il y a de plus incroyable, c'est que les classes dirigeantes se réjouissent. Elles sont fières de cette œuvre, qui est la leur, et où je vois le *Mané-Thécel-Pharès* de leur règne ! Elles ne comprennent donc pas que les anarchistes, seuls, ont le droit de se réjouir, car où donc trouveraient-ils, autre part qu'ici, un meilleur recrutement de révolte !…

Et ce qui est effrayant, c'est que je suis gai. Je me rends parfaitement compte que ce que je vois c'est le dernier élan d'une société moribonde, que tout ce que j'entends, c'est le suprême cri d'une civilisation qui agonise. Et je suis gai, comme jamais je ne l'ai été… Non seulement, je suis gai, mais je deviens viveur. Il se passe en moi des choses tellement gaies qu'elles m'épouvantent. Qu'y a-t-il d'aphrodisiaque dans cette atmosphère d'exposition, pour m'étourdir, pour me surexciter de la sorte ? Le vrai, c'est que, malgré ma barbe blanche et mes soixante-cinq ans, en dépit de toute une existence de travail sévère et de calmes joies, je sens courir en mes veines des désirs inconnus, des lièvres de plaisirs dont je ne soupçonnais pas encore les pulsations impérieuses et les galops déchaînés… Moi aussi, je suis de la kermesse. Moi, l'homme grave, du matin au soir je *fais la fête*, comme on dit. Plus de lectures, plus de causeries métaphysiques. L'œil allumé, la boutonnière fleurie, je m'étale aux tables des restaurants exotiques ; j'y commande des menus épicés, j'y bois du champagne, et je prends avec les femmes des airs vainqueurs ; j'aspire, avec une joie de vieux débauché, les odeurs qu'elles laissent en passant. Là où il y a des Javanaises, des Africaines, des Espagnoles qui dansent de la gorge, du ventre, qui dansent de tout, j'y suis, et non pas en observateur, non pas en philosophe qui veut se rendre compte de la particularité de mœurs inconnues de lui, et de l'état d'esprit d'une foule, mise en contact avec des spectacles licencieux et nouveaux. Je n'ai pas cette excuse. Je n'ai pas non plus l'excuse d'une curiosité plastique, ou de costume. J'y suis pour mon plaisir seul, et mon plaisir est bas. J'éprouve même une sorte de contentement, à penser que ces Javanaises ne sont point venues de Java dans la fleur vierge de leur civilisation, qu'elles ont, depuis des années, traîné de taverne en taverne, à travers les villes maritimes, qu'elles ont dansé devant des matelots ivres dans les musicos d'Anvers et les bouges de Londres.

De ce qu'elles apportent, dans les plis de leurs robes jaunes, non pas les rites mystérieux de leur pays, mais toute la science, des vices cosmopolites, elles me semblent plus attrayantes. O Verlaine ! ô Swinburne ! qui donc jamais eût pensé que je connaîtrais un jour les passions exécrables que vous avez chantées !

   Cet état moral ne m'est pas particulier. J'observe que tout le monde en est atteint : on dirait que chacun se hâte de jouir, avant le demain si noir qui nous attend, étrange folie, triste détraquement de nos pauvres carcasses humaines ! Tous, les jeunes, les vieux, les austères, les vénérables mères de famille subissent les désordres morbides de cette contagion,, 1ᵉ les ai vus, je les vois tous les jours, eu ces milieux baroques, souvent abjects et crasseux, où grouillent toutes les vermines orientales, ou, parmi les musiques effrénées, se tordent les mimiques des sexualités en délire. La luxure les effleure de son vol brûlant, met ses désirs dans leurs regards, imprime à leurs corps les mouvements lascifs. Oh ! je voudrais soulever ces boîtes crâniennes et connaître le rêve abominable qui y naît, s'y développe, y flamboie ! Enfin, ce qui ne m'est jamais arrivé, j'ai des aventures, moi, moi !... Voyons, croyez-vous que ce soit là un état normal, qu'il n'y ait pas dans cet oubli de la pudeur, dans ce déchaînement du vice, et cette mise à nu des curiosités secrètes comme un besoin de s'étourdir, de chasser loin de soi les préoccupations de l'avenir ? 11 n'est pas possible qu'à l'heure actuelle, et dans ce décor, apothéose de nos décadences, il existe un être qui ne comprenne pas les dangers qui nous guettent... Et le gouvernement qui non seulement tolère. mais protège, couvre de son estampille officielle cette folie convulsive de tout un peuple, ne commet-il pas un véritable crime ? » Hélas ! bon philosophe, il dure, ou, du moins, il essaie de durer. Ne vois-tu pas qu'avec tout ce qu'une exposition comporte d'affaires à faire, d'affaires à donner et d'affaires à vendre, il éteint des haines, assouvit des ambitions ou des appétits, que, par l'appât d'un intérêt ou d'une vanité, — argent ou croix, — il tient une foule soumise à son pouvoir et à sa fortune, une foule qui hurlera dans la rue en fête, mais se taira sur lui !

Section V

J'ai parlé de l'Exposition de 1900, comme si elle était déjà faite, et qu'il n'y eût plus qu'à y mettre les maçons. Elle ne l'est pas encore, nous avons même quelque espoir qu'elle ne le soit jamais. Nous ne voulons pas nous leurrer à l'avance, mais, dans l'état où en sont les choses, il ne serait pas impossible que la Chambre effaçât ce décret du 13 juillet 1892, par quoi elle n'est nullement engagée, du reste, et dont la précipitation qui en accompagna les circonstances l'entache virtuellement de nullité. Le décret a été une véritable surprise, pour ne pas dire un véritable escamotage. On l'a arraché à la naïveté du gouvernement, à son ignorance, et peut-être à son patriotisme en faisant intervenir l'empereur d'Allemagne dans une peu sérieuse et trop rapide discussion, où il n'avait que faire. De plus, préalablement à ce vain décret, le projet même d'une exposition universelle n'a été soumis à aucune enquête, à aucune étude. Pas une des institutions qu'il intéresse n'a été consultée. L'avis des chambres de commerce, des chambres syndicales des grandes industries, des chambres consultatives des arts et manufactures, n'a été ni sollicité, ni même pressenti. On ne s'est pas prémuni de la moindre garantie que ce projet eût des chances de correspondre soit à un désir général, exprimé d'une façon quelconque, soit à un besoin national évident. Il nous semble pourtant que ces précautions eussent été rigoureusement nécessaires, et je n'eusse point trouvé excessif que, par surcroît de prudence, la question fût aussi posée devant les principales municipalités de France ! Et, puisqu'il est entendu que c'est au nom du commerce et de l'industrie qu'on les organise, il serait de droit strict et de justice élémentaire que, avant de décider de pareilles manifestations, le commerce et l'industrie, par la voix des chambres qui les représentent, fussent appelés à se prononcer sur une opportunité dont ils sont seuls juges, connaissant mieux que personne la nature de leurs besoins et le caractère de leurs aspirations. Le gouvernement craignait-il que les chambres de commerce et les chambres syndicales n'émissent un avis défavorable, auquel il eût été forcé de se rendre ? Ou bien, par une abstention ironiquement calculée, voulait-il exprimer l'idée qu'un projet d'exposition pût se passer de leur assentiment et qu'elles n'y comptaient, en réalité, pour rien ? Il n'est pas admissible un seul instant qu'une décision de cette importance soit prise en dehors de ceux-là seuls qu'elle touche et sous le masque du gouvernement, par une petite coterie parfaitement irresponsable, et qui ne représente rien d'autre que des intérêts privés d'un ordre qu'il ne m'appartient pas de qualifier.

C'est pourquoi la Chambre, en toute tranquillité, peut anéantir ce décret préparatoire, qui ne repose sur rien, tant qu'il n'a pas subi l'épreuve de la consultation décisive que nous demandons ; qui ne signifie rien, tant qu'il n'a pas reçu la sanction d'un vote parlementaire. Quand on viendra lui demander 100 millions, et avec ces millions le droit de déshonorer Paris, de décourager la province, de ruiner des gens qui ne demandent qu'à vivre et à travailler utilement, la Chambre pourra répondre par un vote plus conscient. Non seulement elle le pourra, mais elle le devra, car depuis le 13 juillet 1892, les objections contre cette exposition se sont multipliées en nombre et en force. Les protestations sont venues en masse et de partout. La Chambre sait, aujourd'hui, projet n'est pas populaire ; et il faut qu'elle comprenne qu'il serait que le dangereux de vouloir toujours ignorer ce qui se passe dans l'âme profonde du pays, pour ne s'intéresser qu'aux vaines agitations qui grouillent à sa surface.

On viendra lui dire qu'il est trop tard ? Est-il donc jamais trop tard pour faire triompher la justice et la vérité, surtout lorsque l'on a conscience de ce que l'on peut et de ce que l'on doit ? Comment, le gouvernement, sur un simple décret provisoire, aurait embarqué la France dans une affaire ruineuse, et il serait trop tard à la Chambre de réparer le désastre, alors qu'elle croit pouvoir d'un trait de plume, rayer, si elle le veut, le traité de Madagascar et en imposer un nouveau !

On viendra lui dire encore qu'il existe des contrats signés, des concessions attribuées, des situations acquises, toute une série d'opérations mystérieuses, faites en dehors d'elle, malgré elle ? Mais qui donc avait le droit d'engager des contrats el de distribuer des concessions avant son vote souverain ? Qui donc avait le droit de préjuger ce vote et de le lui imposer ? S'il existe des contrats, ils sont nuls, voilà tout. C'est une affaire qui ne la regarde pas, qu'elle doit ignorer, et qui ne peut se régler qu'entre les directeurs qui se sont engagés, au-delà de leur pouvoir, et les concessionnaires, abusés ou complices.

Il appartiendrait à la Chambre de le leur rappeler fortement.

Et il serait beau aussi que, dans ce temps de suspicion universelle, d'abaissement moral et de déchéance politique, un parlement français qui n'a pas fait toujours ce qu'il devait, qui a subi bien des entraînements, commis bien des fautes, se relevât un jour, devant l'opinion publique, par un acte de liberté consciente et de populaire justice. Fera-t-il cet acte qu'on attend dans le pays avec angoisse, et nous délivrera-t-il de cette exposition, dont un jeune poète a pu dire qu'elle serait « un sinistre de joie » ?

ISBN : 978-1981658374